BOOK 2

FRENCH GRAMMAR *in context*

A l'école

10 fiches
grammaire
vocabulaire

30 activités
avec 3 niveaux
et
une notation
20 sur 20

Folens Publishers

Table des Matières

niveau A	**facile**	*easy*	(20/20)
niveau B	**moyen**	*intermediate*	(20/20)
niveau C	**difficile**	*difficult*	(20/20)

book 2

	Introduction	3
01	Les matières scolaires	4
02	Opinions	8
03	Parce que ...	12
04	Les objets et bâtiments scolaires	16
05	L'heure digitale	20
06	L'heure courante	24
07	L'emploi du temps	28
08	La vie scolaire	32
09	Les métiers	36
10	Parler des métiers	40
	Diplôme	44
	Solutions	45

Acknowledgements

Folens allows photocopying of pages marked 'copiable page' for educational use, providing that this use is within the purchasing institution. Copiable pages should not be declared in any return in respect of any photocopying licence.

Folens books are protected by international copyright laws. All rights are reserved. The copyright of all materials in this book, except where otherwise stated, remains the property of the publisher and the author. No part of this publication may be reproduced, stored in a retrieval system, or transmitted in any form or by any means, for whatever the purpose, without written permission of Folens Limited.

This resource may be used in a variety of ways. However, it is not intended that teachers or pupils should write directly into the book itself.

Caroline Terrée hereby asserts her moral right to be identified as the author of this work in accordance with the Copyright, Designs and Patents Act 1988.

Consultant: Keith Faulkner, Lecturer in MFL, University of Sheffield (Teacher Education)
Editors: Keith Faulkner, Jill Adam
Layout artist: Jane Conway

© 1999 Folens Limited on behalf of the author

First published 1999 by Folens Limited, Dunstable and Dublin

Folens Limited, Albert House, Apex Business Centre, Boscombe Road, Dunstable, LU5 4RL, United Kingdom.

ISBN: 186202 523 1

Printed in Singapore by Craft Print

Introduction

French Grammar in Context

'French Grammar in Context' is a series designed to support all pupils with their understanding and usage of the basic structures that underpin the language. It can be used alongside existing schemes of work or other resources, or can be used as a basic scheme in its own right. The books cover required areas such as leisure, school, family life and so on.

The basic structure of each text is simple.

Each Unit, signified as 1, 3 etc, starts with an introductory page explaining the grammar/language point for all pupils.

This is followed by a series of three further pages:

- the first enables weaker pupils to address the skill at a low level
- the second enables intermediate level pupils (or those who have mastered the first activity page) to tackle the same language point
- the third is more demanding and may be used for pupils who have either progressed from the previous activity pages, or are able to tackle the tasks immediately.

The pages feature a range of activities: gap-fill/cloze exercises, re-ordering, matching...etc.

The book ends with a 'diplôme' so that pupils who have worked through the sheets can mark them – or have them marked – so that they arrive at a final score – out of /20 – as in French schools.

Answers are provided for all activities so that pupils can either self-check – or teachers can mark the sheets easily.

'French Grammar in Context' Book 2 is called 'A l'école'. It provides grammar and vocabulary work in such areas as school subjects, the timetable, classroom and teacher language, and so on.

The sheets should provide opportunities for self-sustaining work. Clearly, pupils will need copies of the opening grammar/language sheet in order to do most of the activities, unless it is felt by the class teacher that they can confidently tackle the activity pages without recourse to further support materials.

In whatever form 'French Grammar in Context' is used, it is intended that the sheets will provide a clear and logical framework for pupils' language study.

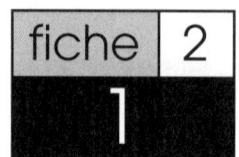

Les matières scolaires

l'allemand	German
l'anglais	English
l'art dramatique	Drama
la biologie	Biology
la chimie	Chemistry
le dessin	Art
l'économie	Economics
l'espagnol	Spanish
le français	French
la géographie	Geography
le grec	Greek
l'histoire	History
l'informatique	ICT
l'instruction civique	Social Studies
l'italien	Italian
le latin	Latin
les maths	Maths
la musique	Music
la physique	Physics
les sciences	Science
le sport	PE/sport
la technologie	Design and Technology

une classe	a class
un cours	a lesson
les devoirs	homework
un élève	a pupil
un examen	an exam
une matière	a school subject
un professeur	a teacher

Les matières scolaires

Nom: _____ Classe: _____

- Regarde le code, puis retrouve les mots cachés dans la grille.
- ▲ (17 x 1 point + 3 points pour le mot mystérieux)

| a¹ | b² | c³ | d⁴ | e⁵ | f⁶ | g⁷ | h⁸ | i⁹ | j¹⁰ | k¹¹ | l¹² | m¹³ |
| n¹⁴ | o¹⁵ | p¹⁶ | q¹⁷ | r¹⁸ | s¹⁹ | t²⁰ | u²¹ | v²² | w²³ | x²⁴ | y²⁵ | z²⁶ |

mot mystérieux: _____

Les matières scolaires

Nom: _____ Classe: _____

- Regarde le code, puis retrouve les mots cachés dans la grille.
- ▲ (17 x 1 point + 3 points pour le mot mystérieux)

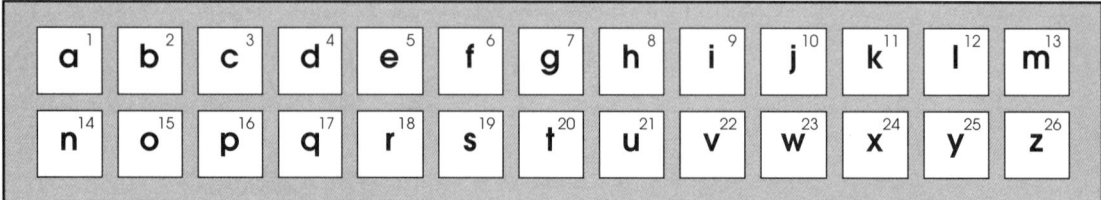

mot mystérieux: _____

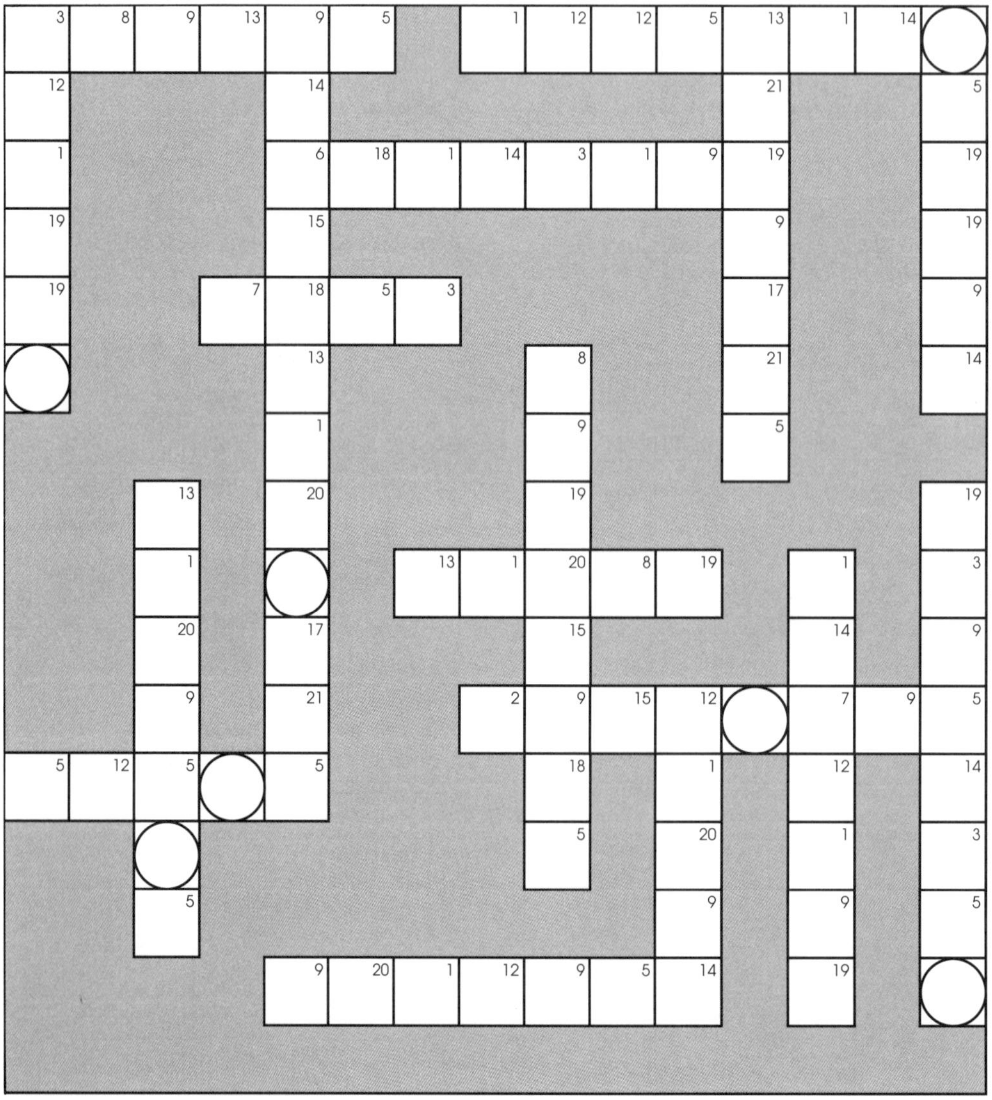

Les matières scolaires

Nom: _____ Classe: _____

- Regarde le code, puis retrouve les mots cachés dans la grille.
- ▲ (17 x 1 point + 3 points pour le mot mystérieux)

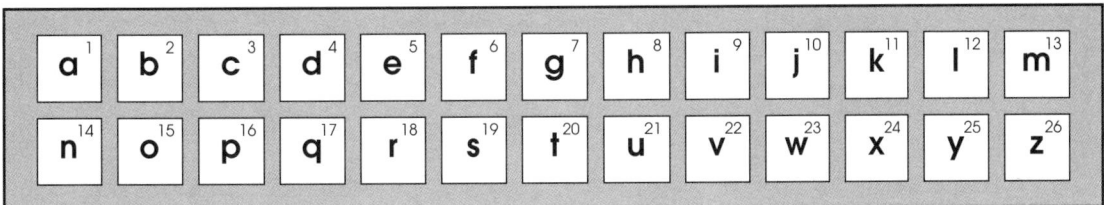

mot mystérieux: _____

✚ Extension Activity
Play 'hangman' with ten words from the crossword. If your partner manages to 'hang' you before you spot a word, learn how to spell those words.

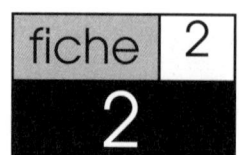

Opinions

Everybody has an **opinion** about school! You may love Maths, but not your Maths teacher. You may dislike Science in general, but love Biology. You may have a favourite subject you are very good at. Here are some sentences you can use to talk in French about school.

J'adore _____ .
        school subject   ♡♡

J'aime _____ .
        school subject   ♡

Je n'aime pas _____ .
        school subject   ☹

Je déteste _____ .
        school subject   ☹☹

EXAMPLES

J'adore le français.	I love French.
J'aime la géographie.	I like Geography.
Je n'aime pas la physique.	I do not like Physics.
Je déteste le latin.	I hate Latin.

Ma matière préférée c'est _____ .
        school subject   ☆☆☆

EXAMPLES

Ma matière préférée c'est le français.	My favourite subject is French.
Ma matière préférée c'est le sport.	My favourite subject is PE.

Opinions

Nom: _____ Classe: _____

- Regarde les résultats du sondage, puis remplis les prénoms qui manquent dans les phrases.
- ▲ (5 x 4 points)

la matière	Odile	Paul	Julie	Yves	Marie
le français	☆☆☆	♡♡	♡	♡	☆☆☆
l'anglais	♡♡	☹☹	♡♡	☹☹	♡♡
les maths	☹☹	♡♡	☹☹	♡♡	☹
l'histoire	♡♡	☹☹	♡	☹☹	♡♡
la géographie	♡	☹	☹	☹☹	♡
les sciences	☹☹	☆☆☆	☹	♡♡	☹☹
le dessin	♡	♡	♡♡	♡	☹
le sport	☹	♡♡	☹	☆☆☆	♡

♡♡ = j'adore   ♡ = j'aime   ☹ = je n'aime pas   ☹☹ = je déteste
☆☆☆ = ma matière préférée c'est …

Exemple:

01   Je m'appelle ⎣ *Paul* ⎦. J'adore les maths, je déteste l'anglais et je n'aime pas le géographie. Ma matière préférée c'est les sciences.

01   Je m'appelle ⎣_____⎦. J'adore les maths, je déteste l'anglais et je n'aime pas le géographie. Ma matière préférée c'est les sciences.

02   Je m'appelle ⎣_____⎦. Je n'aime pas le sport, j'adore le dessin et je déteste les maths. J'aime le français.

03   Je m'appelle ⎣_____⎦. Je déteste l'histoire, j'aime le dessin et j'adore les sciences. Ma matière préférée c'est le sport.

04   Je m'appelle ⎣_____⎦. Ma matière préférée c'est le français, j'adore l'anglais, j'aime le dessin et je déteste les maths. Je n'aime pas le sport.

05   Je m'appelle ⎣_____⎦. J'aime la géographie, j'adore l'histoire et je déteste les sciences. Je n'aime pas les maths.

Opinions

Nom: _____ Classe: _____

- Regarde les résultats du sondage, puis remplis les prénoms et les mots qui manquent dans les phrases.
- ▲ (10 x 2 points)

la matiére	Denis	Abel	Lucie	Irène	Noël
les maths	♡♡	☆☆☆	☆☆☆	☹☹	☹☹
les sciences	♡	☹	☹☹	♡	☹
l'anglais	☹☹	♡	♡♡	♡	♡
le français	♡♡	♡	☹	♡♡	♡♡
l'histoire	♡♡	♡♡	♡	☆☆☆	♡♡
la géographie	☆☆☆	☹☹	☹☹	♡	☆☆☆
la musique	☹	♡♡	☹	☹☹	♡♡
l'allemand	☹☹	♡	♡♡	☹	☹

♡♡ = j'adore   ♡ = j'aime   ☹ = je n'aime pas   ☹☹ = je déteste
☆☆☆ = ma matière préférée c'est …

Exemple:

01 Je m'appelle [*Abel*]. Ma matière [*préférée*] c'est les maths. J'adore la musique, j'aime l'allemand et je déteste le géographie.

01 Je m'appelle [   ]. Ma matière [   ] c'est les maths. J'adore la musique, j'aime l'allemand et je déteste le géographie.

02 Je m'appelle [   ]. J'adore le français, j'aime l'anglais et je n'aime [   ] les sciences. Je déteste les maths.

03 Je m'appelle [   ]. Je n'aime pas la musique, j'adore l'allemand et je déteste la géographie. J' [   ] l'histoire.

04 Je m'appelle [   ]. Je [   ] l'anglais, j'adore l'histoire et j'aime les sciences. Ma matière préférée c'est la géographie.

05 Je m'appelle [   ]. J'aime les sciences, je déteste les maths et j', [   ] le français. Je n'aime pas l'allemand.

Opinions

Nom: _____ Classe: _____

● Regarde les résultats du sondage, puis remplis les prénoms et les mots qui manquent dans les phrases. ▲ (20 x 1 point)

la matiére	Marc	Agnès	Léon	Rémi	Nina
l'anglais	☹	♡♡	♡	☆☆☆	♡
les maths	☆☆☆	♡♡	♡	☹	☹☹
l'informatique	♡♡	☹☹	☹	☹☹	☆☆☆
le français	♡♡	☆☆☆	♡	☹	♡♡
l'histoire	☹☹	♡	♡♡	☹	☹
la géographie	♡	☹☹	☆☆☆	☹☹	♡
la biologie	♡♡	♡	☹☹	♡	♡
l'espagnol	♡	☹	☹	♡♡	☹

♡♡ = j'adore   ♡ = j'aime   ☹ = je n'aime pas   ☹☹ = je déteste
☆☆☆ = ma matière préférée c'est …

01 Je m'appelle **Léon**. J'adore **l'histoire**, j'aime les maths, je n'aime **pas** l'informatique, je déteste la **biologie**.

02 Je m'appelle **Marc**. Je n'aime pas **l'anglais**, ma matière préférée c'est les **maths**, J'**adore** l'informatique, je déteste l'histoire.

03 Je m'appelle **Nina**. J'**aime** la géographie, j'adore le **français**, je déteste les maths, je n'aime pas **l'histoire** et l'espagnol.

04 Je m'appelle **Agnès**. J'adore les maths, j'aime l'histoire, ma **matière** préférée c'est le **français**, je n'aime pas **l'informatique** et l'espagnol.

05 Je m'appelle **Rémi**. Je **déteste** la géographie, je n'aime pas les maths, j'aime la **biologie**, j'adore l'**espagnol**.

➕ Extension Activity
Carry out your own survey of the preferences of pupils in your class. You could copy this chart or use a computer to present the results of your survey.

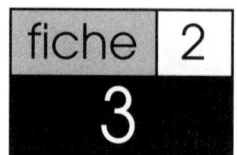

Parce que ...

After you have expressed an opinion about something, it is good to **justify** your answer, in other words give a reason for it. You can explain why you like or dislike something by using the word 'because' which is **parce que** in French.

STEP 1

FIRST, say what you like or dislike with sentences such as:

J'adore le français. I love French.　　**Je n'aime pas l'histoire.** I don't like history.

J'aime la biologie. I like biology.　　**Je déteste l'allemand.** I hate German.

STEP 2

Then, think about **why** you like or dislike these school subjects. Here is a list of some reasons you might have:

C'est facile.	It's easy.
C'est intéressant.	It's interesting.
C'est excitant.	It's exciting.
C'est utile.	It's useful.

C'est difficile.	It's hard.
C'est nul.	It's no good.
C'est ennuyeux.	It's boring.
C'est inutile.	It's useless.

Le professeur est très sympa.	The teacher is very friendly.
Le professeur est trop sévère.	The teacher is too strict.

STEP 3

FINALLY, put the two parts together with the words **parce que** in the middle.

J'adore le Français parce que c'est excitant.
I love French because it's exciting.

Je déteste l'allemand parce que c'est difficile.
I hate German because it's hard.

Parce que ...

Nom: _____ Classe: _____

- Retrouve les mots qui manquent, et remplis les blancs dans le texte.
- ▲ (10 x 1 point)

Je m'appelle Alexis. J'ai douze ans. J'habite à Toulouse. J' *adore* le français parce que le _____ est sympa. Ma matière _____ c'est la géographie parce que c'est _____ . Je _____ les maths parce que c'est difficile. J'adore le sport. Je n'aime _____ l'histoire parce _____ c'est inutile. J'aime l'informatique parce que _____ excitant. Je déteste les sciences _____ que le professeur _____ trop sévère.

| adore | déteste | préférée | parce | utile |
| que | professeur | pas | c'est | est |

- Lis chaque phrase, et encercle vrai ou faux.
- ▲ (10 x 1 point)

Exemple: 01. vrai (faux) Alexis déteste le français.

01. vrai faux Alexis déteste le français.
02. vrai faux Alexis adore l'informatique.
03. vrai faux La matière préférée d'Alexis c'est la géographie.
04. vrai faux Alexis aime l'histoire parce que c'est utile.
05. vrai faux Alexis déteste les maths parce que c'est difficile.
06. vrai faux Le professeur de français est sympa.
07. vrai faux Alexis adore les sciences.
08. vrai faux Alexis adore le sport.
09. vrai faux Alexis n'aime pas l'histoire parce que c'est inutile.
10. vrai faux Alexis aime l'informatique parce que c'est utile.

Parce que ...

Nom: _____ Classe: _____

- Retrouve les mots qui manquent, et remplis les blancs dans le texte. Attention! Les mots qui manquent sont mélangés!
▲ (10 x 1 point)

Je m'appelle Andréa. J'ai treize ans. J'habite à Vancouver. Ma [matière] préférée c'est la musique [____] que c'est excitant. J'adore le français. J'[____] l'anglais. Je n'aime pas les maths. Je [____] le sport parce que c'est difficile. J'aime l'allemand. je n'aime [____] le latin parce que le professeur [____] trop sévère. je déteste la technologie parce que c'est [____]. J'adore le [____] parce [____] le prof est très [____].

| set | sap | miae | equ | pasym |
| (timarée) | sindes | téstede | unneyuxe | cepra |

- Lis chaque phrase, et encercle vrai ou faux.
▲ (10 x 1 point)

Exemple: 01. vrai (faux) Andréa déteste la musique.

01. vrai faux   Andréa déteste la musique.
02. vrai faux   Andréa déteste le sport parce que c'est difficile.
03. vrai faux   La matière préférée d'Andréa c'est le dessin.
04. vrai faux   Andréa adore le français.
05. vrai faux   Andréa déteste la technologie.
06. vrai faux   Andréa n'aime pas le latin.
07. vrai faux   Le professeur de latin est très sympa.
08. vrai faux   Andréa déteste l'anglais.
09. vrai faux   La matière préférée d'Andréa c'est la musique.
10. vrai faux   Andréa adore le latin.

Parce que ...

Nom: _____ Classe: _____

- Retrouve les mots qui manquent, et remplis les blancs dans le texte. Attention! Les mots qui manquent sont mélangés! ▲ (10 x 1 point)

Je m'appelle Luc. J'ai onze ans. J'habite à Marseille. Je déteste l'anglais parce que le [*professeur*] est trop [____]. Je n'aime pas les [____] parce que c'est difficile. Je n'aime [____] le latin parce que c'est [____]. J'[____] les maths [____] que c'est utile. J'aime les sciences. Ma matière [____] c'est l'histoire parce que c'est intéressant. J'aime le [____] parce que le professeur [____] sympa.

| (fr**o**p**e**sseur) | red**o**a | rév**è**se | ni**s**ceces | sa**p** |
| pr**o**st | f**é**prérée | car**p**e | t**e**s | lun**i**tie |

- Lis chaque phrase, et encercle vrai ou faux. ▲ (10 x 1 point)

01. vrai faux Luc aime les sciences.
02. vrai faux La matière préférée de Luc c'est l'histoire.
03. vrai faux Luc n'aime pas le latin parce que c'est difficile.
04. vrai faux Luc aime le sport.
05. vrai faux Luc déteste l'anglais.
06. vrai faux Le professeur de sport est sympa.
07. vrai faux Luc déteste les maths.
08. vrai faux Le professeur d'anglais est trop sévère.
09. vrai faux Luc n'aime pas les sciences.
10. vrai faux Luc adore le latin parce que c'est utile.

 Extension Activity
List at least ten other reasons for liking or disliking school subjects (e.g lots of group discussion), or being good or bad at them? You may need to use a dictionary. Now try to put them into sentences using **parce que**.

Les objets et bâtiments scolaires

un cahier	an exercise book
une calculatrice	a calculator
un carnet	a note book
un cartable	a school bag
un classeur	a ring binder
un crayon	a pencil
un dictionnaire	a dictionary
un feutre	a felt pen
une gomme	an eraser
un livre	a book
une règle	a ruler
un stylo	a pen
un taille-crayon	a pencil sharpener
une trousse	a pencil case

un bureau	a desk
une carte	a map
une chaise	a chair
une fenêtre	a window
un mur	a wall
un ordinateur	a computer
une porte	a door
un poster	a poster
une table	a table
un tableau	a (black/white) board

une bibliothèque	a library
une cantine	a canteen
un gymnase	a gym
un labo	a lab
une salle de classe	a classroom
les toilettes	the toilets

Les objets et bâtiments scolaires

Nom: _____   Classe: _____

- Retrouve et écris la deuxième moitié de chaque mot dans la bonne case, puis écris le mot entier avec sa traduction.
▲ (20 x 1 point)

bu	☐	=
ta	☐	=
fenê	☐	=
chai	☐	=
carta	☐	=
ca	reau	= bureau – desk
por	☐	=
cra	☐	=
trou	☐	=
car	☐	=

| se | hier | (reau) | te | ble |
| yon | bleau | sse | net | tre |

Les objets et bâtiments scolaires

Nom: _____ Classe: _____

- Retrouve et écris la moitié qui manque de chaque mot dans la bonne case, puis écris le mot entier avec sa traduction.
- ▲ (20 x 1 point)

ordi	ter	=
	lo	=
feu	bo	=
	me	=
rè		=
	nateur	= *ordinateur – computer*
can		=
	vre	=
calcu		=
		=

Word bank: gle, tine, (nateur), gom, sty, latrice, li, pos, tre, la

Les objets et bâtiments scolaires

4C

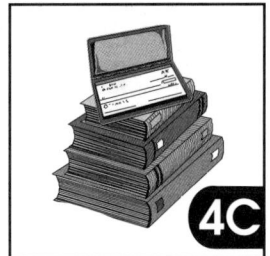

Nom: ______________________________ Classe: ______________

- Retrouve et écris la moitié qui manque de chaque mot dans la bonne case, puis écris le mot entier avec sa traduction. Attention, c'est difficile! Les moitiés qui manquent sont mélangées! ▲ (20 x 1 point)

diction		=	
fe		=	
		=	
gym		=	
	te	=	
li	naire	=	*dictionnaire – dictionary*
	lettes	=	
biblio		=	
	nateur	=	
car	sseur	=	

oti	drio	rac	ciditon	quèteh
lac	nêter	ver	sane	latbe

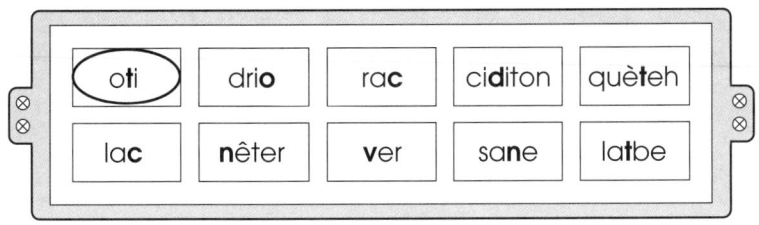

Extension Activity
Make up your own puzzle like this to test your partner on other words you have learned about school.

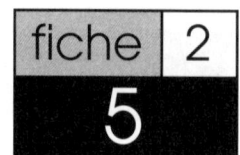

L'heure digitale

The easiest way to **tell the time** is to use the 24-hour clock and to give the hours and minutes, for example, to say 'eleven fifteen' instead of 'quarter past eleven'. Make sure you know how to use the 24-hour clock and that you have learned your French numbers up to 60!

STEP 1

Make sure you know what the 'pm' (after midday) times are according to the 24-hour clock method. You should add 12 to the 'am' (before midday) time to obtain the correct 'pm' equivalent. Here is a table to help you. For example, 4 o'clock in the **morning** is 04:00 and 4 o'clock in the **afternoon** is **16:00**.

01:00	02:00	03:00	04:00	05:00	06:00
13:00	**14:00**	**15:00**	**16:00**	**17:00**	**18:00**
07:00	08:00	09:00	10:00	11:00	12:00
19:00	**20:00**	**21:00**	**22:00**	**23:00**	**24:00**

STEP 2

Now, simply use the following sentence and fill the gaps with the number for the hour(s) first, then the number for the minute(s). DON'T FORGET the word 'heures' in the middle!

Il est _____	heures _____ .
It is hour(s)	minute(s)

EXAMPLES

Il est six **heures** quarante.	*It is six forty.*	06:40	Twenty to seven in the morning
Il est onze **heures** vingt.	*It is eleven twenty.*	11:20	Twenty past eleven in the morning
Il est seize **heures** dix.	*It is sixteen ten.*	16:10	Ten past four in the afternoon
Il est vingt **heures** trente.	*It is twenty thirty.*	20:30	Half past eight in the evening

L'heure digitale

Nom: _____ Classe: _____

- Regarde les heures ci-dessous, puis écris le numéro qui manque dans chaque phrase.
- ▲ (10 x 2 points)

| 12:30 | 08:55 | 16:20 | 22:10 | 19:35 |
| 23:25 | 11:40 | 20:50 | 13:15 | 18:45 |

Exemple:

01 Il est seize heures [*vingt*].

01 Il est seize heures [_____].

02 Il est [_____] heures trente-cinq.

03 Il est vingt heures [_____].

04 Il est [_____] heures quarante-cinq.

05 Il est vingt-trois heures [_____].

06 Il est [_____] heures cinquante-cinq.

07 Il est treize heures [_____].

08 Il est [_____] heures dix.

09 Il est onze heures [_____].

10 Il est [_____] heures trente.

L'heure digitale

Nom: _____ Classe: _____

- Lis les phrases, puis remplis le numéro qui manque dans chaque case.
- ▲ (10 x 2 points)

| 22 : ___ | ___ : 56 | 05 : ___ | 13 : ___ | 17 : ___ |
| ___ : 35 | 03 : ___ | ___ : 26 | ___ : 49 | ___ : 27 |

01 Il est trois heures trente-huit.

02 Il est dix-huit heures quarante-neuf.

03 Il est treize heures douze.

04 Il est quatorze heures cinquante-six.

05 Il est onze heures vingt-six.

06 Il est dix-sept heures trente-quatre.

07 Il est vingt-deux heures cinquante-deux.

08 Il est cinq heures quarante-cinq.

09 Il est six heures vingt-sept.

10 Il est vingt heures trente-cinq.

L'heure digitale

Nom: _____ Classe: _____

● Remplis les mots qui manquent dans chaque phrase, puis remplis les numéros qui manquent dans les cases.

▲ (20 x 1 point)

| 23 : ▢ | ▢ : 22 | 04 : 07 | 16 : 11 | 10 : ▢ |
| 07 : 18 | 02 : 29 | 15 : ▢ | 19 : 41 | ▢ : 38 |

Exemple:

01 Il est dix-sept [*heures*] vingt-deux.

01 Il est dix-sept [_____] vingt-deux.

02 [_____] est [_____] heures onze.

03 Il est dix [_____] quatorze.

04 [_____] est sept heures [_____].

05 Il [_____] quinze heures quarante-six.

06 [_____] est [_____] heures vingt-neuf.

07 Il est vingt-trois [_____] cinquante-quatre.

08 Il [_____] quatre heures [_____].

09 Il est vingt [_____] trente-huit.

10 [_____] est [_____] heures qurante-et-un.

© Folens (copiable page)   French Grammar in Context – À l'école

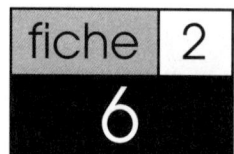

L'heure courante

Most people tell the time in this less formal way. They say for example: 'It's half past ten' instead of 'It's ten or twenty-two thirty' Here's how to do it in French ...

Il est _____ heures _____ .
         hours   minutes ('past' or 'to')

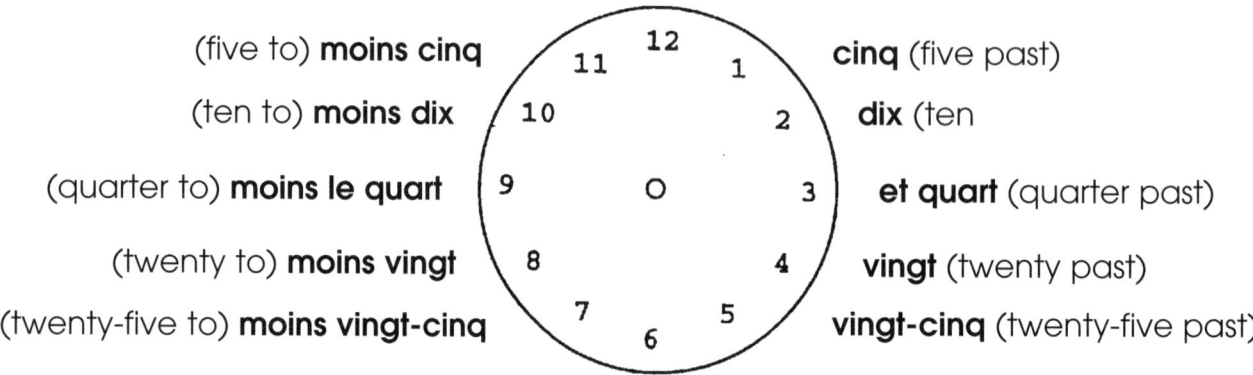

Examples:

Il est deux heures et quart.   It's quarter past two.
Il est huit heures et demie.   It's half past eight.
Il est cinq heures moins vingt.   It's twenty to five.
Il est onze heures moins le quart. It's quarter to eleven.

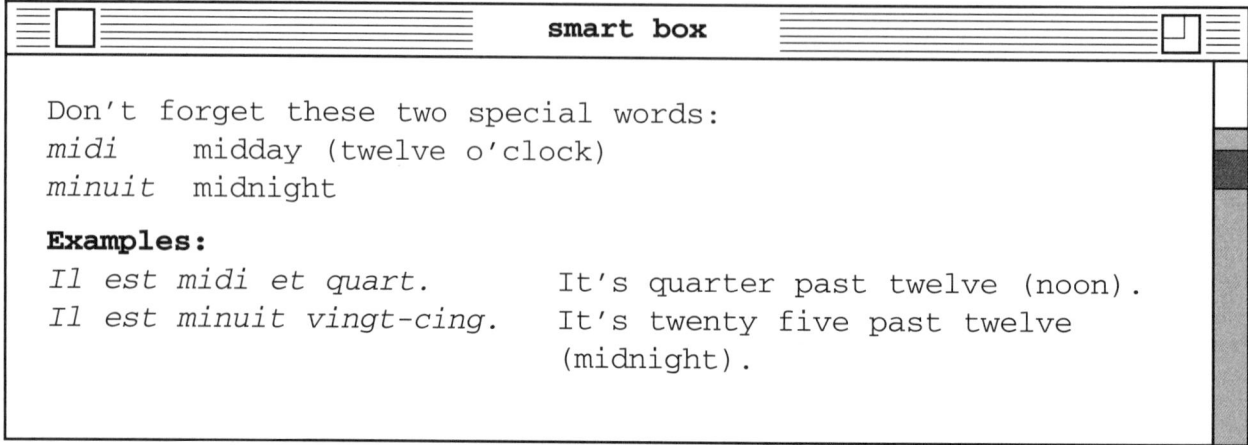

L'heure courante

Nom: _____ Classe: _____

- Remets les bons mots dans les phrases, en français et en anglais.
- ▲ (20 x 1 point)

| midi |
| est |
| demie |
| il |
| le |
| (moins) |
| heures |
| vingt-cinq |
| et |
| cinq |

| ten |
| three |
| twelve |
| (eleven) |
| seven |
| eight |
| nine |
| four |
| six |
| two |

Exemple: Il est onze heures [*moins*] vingt.
It's twenty to [*eleven*].

01 Il est onze heures [____] vingt.
It's twenty to [____].

02 Il est sept heures et [____].
It's half past [____].

03 Il est dix [____] vingt.
It's twenty past [____].

04 Il est huit heures moins [____].
It's twenty-five to [____].

05 Il est deux heures [____] quart.
It's quarter past [____].

06 Il [____] trois heures dix.
It's ten past [____].

07 Il est [____] cinq.
It's five past [____].

08 Il est six heures moins [____].
It's five to [____].

09 [____] est quatre heures moins dix.
It's ten to [____].

10 Il est neuf heures moins [____] quart.
It's quarter to [____].

L'heure courante

Nom: _____ Classe: _____

- Remets les bons mots dans les phrases, en français et en anglais.
- ▲ (20 × 1 point)

Word bank 1: est, demie, vingt-cinq, il, heures, ⟨quart⟩, deux, minuit, et, moins

Word bank 2: half, seven, midnight, ⟨quarter⟩, to, past, twenty, eleven, five, four

Exemple: Il est trois heures moins le [quart].
It's [quarter] to three.

01 Il est trois heures moins le [____].
    It's [____] to three.

02 Il est cinq [____] vingt-cinq.
    It's twenty-five past [____].

03 Il [____] neuf heures vingt.
    It's twenty [____] nine.

04 Il est quatre heures [____] quart.
    It's quarter past [____].

05 Il est huit heures et [____].
    It's [____] past eight.

06 Il est six heures [____] vingt.
    It's [____] to six.

07 [____] est onze heures cinq.
    It's five past [____].

08 Il est sept heures [____].
    It's twenty-five past [____].

09 Il est [____] moins cinq.
    It's five minutes to [____].

10 Il est [____] heures moins dix.
    It's ten [____] two.

L'heure courante

Nom: _____ Classe: _____

- Remets les bons mots dans les phrases, en français et en anglais.
- ▲ (20 x 1 point)

| moins |
| cinq |
| quart |
| vingt-cinq |
| quatre |
| trois |
| demie |
| minuit |
| et |
| dix |
| twelve |
| twenty-five |
| quarter |
| six |
| to |
| five |
| past |
| twenty |
| eleven |
| ten |

01 Il est _____ heures _____.
It's twenty-five past four.

02 Il est huit heures _____ le _____.
It's quarter to eight.

03 Il est sept heures _____ _____.
It's half past seven.

04 Il est _____ moins _____.
It's ten minutes to midnight.

05 Il est _____ heures _____.
It's five past three.

06 Il est onze heures vingt.
It's twenty _____ _____.

07 Il est midi dix.
It's _____ minutes past _____.

08 Il est dix heures moins vingt-cinq.
It's _____ _____ ten.

09 Il est six heures moins vingt.
It's _____ to _____.

10 Il est cinq heures et quart.
It's _____ past _____.

✚ Extension Activity

Draw ten clock faces showing ten different times. Swap with a partner and see who can be the first to write out CORRECTLY all ten times in French. Who won? Check if you wrote out all ten correctly.

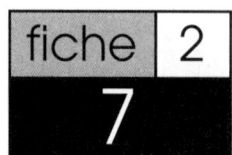

L'emploi du temps

To say what lessons you have, and when you have them, you will need to put these things you know into some new sentences:

the names of school subjects

the days of the week

how to tell the time

the words for 'before' and 'after'

J'ai _____ le _____ à _____ .
       school subject   day   time

EXAMPLES

J'ai maths le lundi à onze heures   *I have Maths on Monday at 11:00.*

J'ai anglais le mardi à seize heures.   *I have English on Tuesday at 16:00.*

J'ai français le jeudi à neuf heures.   *I have French on Thursday at 09:00.*

J'ai _____ avant _____ .
      school subject   school subject

J'ai _____ après _____ .
      school subject   school subject

EXAMPLES

J'ai maths avant français.   *I have Maths before French.*

J'ai anglais après biologie.   *I have English after Biology.*

L'emploi du temps

Nom: _____ Classe: _____

● Regarde la grille, et retrouve les mots qui manquent dans les phrases.
▲ (10 x 2 points)

heure	lundi	mardi	mercredi	jeudi	vendredi
08:00 - 09:00	français	biologie	technologie	français	géographie
09:00 - 10:00	allemand	maths	français	physique	maths
10:00 - 11:00	géographie	anglais	histoire	allemand	français
11:00 - 12:00	maths	latin	maths	latin	histoire
14:00 - 15:00	allemand	français	allemand	maths	dessin
15:00 - 16:00	géographie	physique	latin	informatique	anglais
16:00 - 17:00	informatique	technologie	anglais	biologie	sport

Exemple:

01 J'ai maths le jeudi à [*quatorze*] heures.

01 J'ai maths le jeudi à [   ] heures.

02 J'ai [   ] le lundi à huit heures.

03 J'ai histoire, le [   ] à dix heures.

04 J'ai [   ] le vendredi à quatorze heures.

05 J'ai physique le [   ] à quinze heures.

06 J'ai informatique le lundi à [   ] heures.

07 J'ai [   ] le jeudi à dix heures.

08 J'ai maths le [   ] à onze heures.

09 J'ai latin le jeudi à [   ] heures.

10 J'ai [   ] le vendredi à huit heures.

L'emploi du temps

Nom: _____ Classe: _____

- Lis les phrases, et retrouve les matières qui manquent dans la grille.
- ▲ (20 x 1 point)

heure	lundi	mardi	mercredi	jeudi	vendredi
08:00 - 09:00	*maths*	informatique		français	
09:00 - 10:00			maths	géographie	espagnol
10:00 - 11:00	espagnol				
11:00 - 12:00		français			musique
14:00 - 15:00			informatique		technologie
15:00 - 16:00	maths	dessin			
16:00 - 17:00			physique	sport	français

01   Le mercredi j'ai français à dix heures et histoire à onze heures.

02   À quatorze heures, j'ai grec le lundi et espagnol le jeudi.

03   Le vendredi, j'ai italien à dix heures et maths à quinze heures.

04   J'ai biologie le mardi à quatorze heures et le jeudi à dix heures.

05   À huit heures, j'ai grec le mercredi et géographie le vendredi.

06   Le lundi, j'ai français à neuf heures et sport à seize heures.

07   J'ai italien le lundi et le jeudi à onze heures.

08   À quinze heures, j'ai technologie le mercredi et sport le jeudi.

09   Le mardi, j'ai physique à neuf heures et histoire à dix heures.

10   J'ai maths le lundi à huit heures et le mardi à seize heures.

L'emploi du temps

Nom: _____   Classe: _____

● Remplis les blancs qui manquent dans la grille et dans les phrases.
▲ (20 x 1 point)

heure	lundi	mardi	mercredi	jeudi	vendredi
08:00 - 09:00				maths	
09:00 - 10:00	biologie	histoire	informatique	français	anglais
10:00 - 11:00		français		géographie	biologie
11:00 - 12:00	*anglais*		physique		informatique
14:00 - 15:00	espagnol		français	dessin	maths
15:00 - 16:00		sport	technologie		histoire
16:00 - 17:00	musique	sport	technologie	sport	géographie

01 J'ai anglais le lundi à onze heures et le jeudi à quinze heures.

02 J'ai dessin le [*jeudi*] à [_____] heures.

03 Le mardi j'ai latin après français et maths avant sport.

04 Le [_____] j'ai biologie à neuf heures et latin à quinze heures.

05 J'ai français le lundi et le vendredi avant l'anglais.

06 J'ai musique le [_____] à [_____] heures.

07 À huit heures, j'ai maths le lundi et physique le mardi.

08 Le [_____] j'ai maths à dix heures et espagnol à huit heures.

09 J'ai espagnol le mercredi à huit heures et le jeudi à onze heures.

10 J'ai sport le [_____] et le [_____].

La vie scolaire

Here are some of the things you can say in French about your **school life**.

> **Mon école s'appelle** _____ .
>   name of your school
>
> **Mon prof de** _____ **s'appelle** _____ .
>   subject   name

EXAMPLES

Mon école s'appelle St Dominic.   *My school is called St Dominic's.*
Mon école s'appelle Thornley High.   *My school is called Thornley High.*

Mon prof d'anglais s'appelle Mlle Parker.   *My English teacher is called Miss Parker.*
Mon prof de latin s'appelle Mme Ferry.   *My Latin teacher is called Mrs Ferry.*
Mon prof de maths s'appelle Mr Lee.   *My Maths teacher is called Mr Lee.*

> **Je suis en** _____ .
>   school year (French system)

Here's how to work out which school year you are in according to the French system. Notice how the numbering works in the opposite direction!

Sixième	(= 6th)	Year 7	S1
Cinquième	(= 5th)	Year 8	S2
Quatrième	(= 4th)	Year 9	S3
Troisième	(= 3rd)	Year 10	S4
Seconde	(= 2nd)	Year 11	S5
Première	(= 1st)	Year 12	S6
Terminale	(= final)	Year 13	/

EXAMPLES

Je suis en Sixième.
I am in Year 7.

Je suis en Troisième.
I am in Year 10.

Je suis en Seconde.
I am in Year 11.

French Grammar in Context – À l'école   © Folens (copiable page)

La vie scolaire

Nom: _____ Classe: _____

- Remets les mots de la phrase sur chaque carte dans le bon ordre.
- ▲ (10 x 2 points)

01	02	03	04	05
école	R. Naves	s'appelle	école	s'appelle
s'appelle	école	mon	mon	prof mon
mon	s'appelle	Fermat	Le Mirail	Anglais d'
St Sernin	mon	école	s'appelle	Parker Mlle

06	07	08	09	10
Huillet Mlle	mon histoire	Lennon de	s'appelle	Maths M
biologie de	d Pandelle	s'appelle	informatique	Benigni de
mon prof	s'appelle	prof Mme	prof Gartner	s'appelle
s'appelle	prof Mme	français mon	mon d Mlle	prof mon

Exemple:

01. | mon | école | s'appelle | St Sernin |

01. | | | s'appelle | |
02. | | | s'appelle | |
03. | | | s'appelle | |
04. | | | s'appelle | |
05. | | | | | s'appelle | | |
06. | | | | | s'appelle | | |
07. | | | | | s'appelle | | |
08. | | | | | s'appelle | | |
09. | | | | | s'appelle | | |
10. | | | | | s'appelle | | |

© Folens (copiable page)   French Grammar in Context – À l'école

La vie scolaire

Nom: _____   Classe: _____

- Remets les mots de la phrase sur chaque carte dans le bon ordre.
- ▲ (10 x 2 points)

8B

01	02	03	04	05
Sixième en je suis	prof mon s'appelle chimie Mlle Walker de	école Ste Louise mon s'appelle	sciences de mon prof s'appelle Petit M	Fabre prof mon Mme espagnol s'appelle d'

06	07	08	09	10
s'appelle école Fortwilliam mon	suis je Seconde en	école Rathmore mon s'appelle	Cinquième en suis je	je en Quatrième suis

Exemple:

01. | Je | suis | en | Sixième |

01. ☐ ☐ ☐ ☐
02. ☐ ☐ ☐ ☐ ☐ ☐ ☐
03. ☐ ☐ ☐ ☐
04. ☐ ☐ ☐ ☐ ☐ ☐
05. ☐ ☐ ☐ ☐ ☐ ☐
06. ☐ ☐ ☐ ☐
07. ☐ ☐ ☐ ☐
08. ☐ ☐ ☐ ☐
09. ☐ ☐ ☐ ☐
10. ☐ ☐ ☐ ☐

La vie scolaire

Nom: _____ Classe: _____

- Remets les mots de la phrase sur chaque carte dans le bon ordre.
  Attention! Il y a un mot qui manque dans chaque phrase!
- ▲ (10 x 1 point + 10 x 1 point pour les mots qui manquent)

01	02	03	04	05
allemand	☐	en	chimie prof	Première
Bachau prof	Greenwood	☐	☐ de	en
s'appelle M	mon	je	Lopez Mme	suis
Mon ☐	école	Troisième	s'appelle	☐

06	07	08	09	10
s'appelle	suis	latin ☐	Martin de	☐
☐	je	Mme prof	sport mon	s'appelle
mon	Terminale	mon Vioc	s'appelle M	école
J. Ferry	☐	s'appelle	☐	St Jean

01. ☐ ☐ ☐ ☐ ☐ ☐ ☐
02. ☐ ☐ ☐ ☐
03. ☐ ☐ ☐ ☐
04. ☐ ☐ ☐ ☐ ☐ ☐
05. ☐ ☐ ☐ ☐
06. ☐ ☐ ☐ ☐
07. ☐ ☐ ☐ ☐
08. ☐ ☐ ☐ ☐ ☐ ☐
09. ☐ ☐ ☐ ☐ ☐
10. ☐ ☐ ☐ ☐

Extension Activity
Write about an imaginary friend who goes to another school. In French, write down as much as you can about his or her school life.

Les métiers

In French, the names of most jobs are similar but different for men and women. That is to say there is both a masculine AND a feminine noun to describe the job. In certain cases where you see this (---), there is **only** the masculine noun which is used for both men and women doing the job.

m	f	
un acteur	une actrice	an actor
un agriculteur	une agricultrice	a farmer
un boulanger	une boulangère	a baker
un chanteur	une chanteuse	a singer
un coiffeur	une coiffeuse	a hairdresser
un cosmonaute	une cosmonaute	a cosmonaut
un cuisinier	une cuisinière	a cook
un dessinateur	une dessinatrice	a designer
un docteur	---	a doctor
un écrivain	---	a writer
an électricien	une électricienne	an electrician
un facteur	une factrice	a postman
un infirmier	une infirmière	a nurse
un ingénieur	une ingénieur	an engineer
un journaliste	une journaliste	a journalist
un maçon	---	a bricklayer
un mécanicien	une mécanicienne	a mechanic
un militaire	---	a soldier
un musicien	une musicienne	a musician
un peintre	---	a painter
un pilote	---	a pilot
un plombier	---	a plumber
un policier	---	a police officer
un pompier	---	a firefighter
un professeur	---	a teacher
un secrétaire	une secrétaire	a secretary
un vendeur	une vendeuse	a salesperson
un vétérinaire	---	a vet

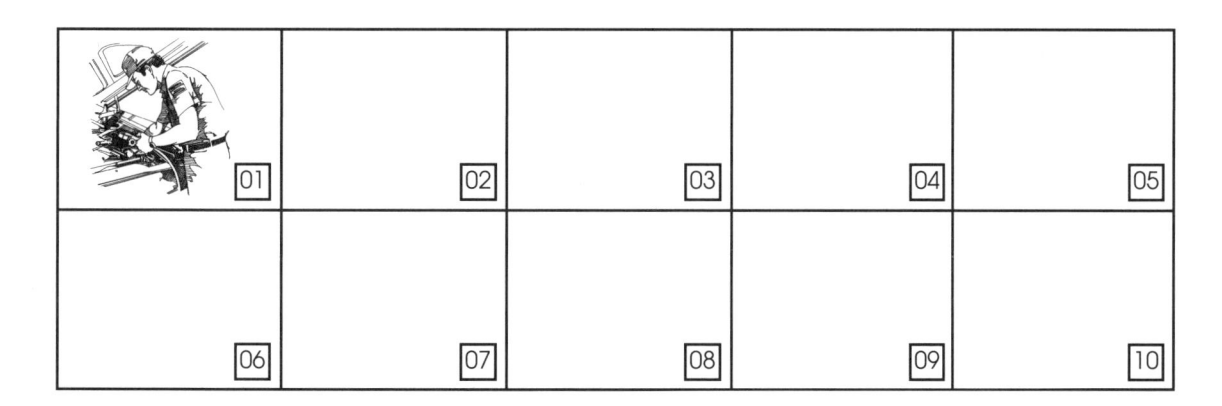

Les métiers

9A

Nom: _____ Classe: _____

- Écris les voyelles (a, e, i, o, u, y) qui manquent dans les cases.
- ▲ (10 × 1 point)

a	n
b	o
c	p
d	q
e	r
f	s
g	t
h	u
i	v
j	w
k	x
l	y
m	z

01. un m[é]c[a]n[i]c[i]e n
02. un [ ]ng[ ]n[ ][ ]r
03. une [ ]ctr[ ]c[ ]
04. un p[ ]l[ ]c[ ]r
05. une ch[ ]nt[ ][ ]s[ ]
06. un [ ]cr[ ]v[ ]n
07. un p[ ]ntr[ ]
08. un pr[ ]f[ ]ss[ ][ ]r
09. une s[ ]cr[ ]t[ ][ ]r
10. un d[ ]ss[ ]n[ ]t[ ]r

- Fais un dessin très simple pour chaque métier. Ton partenaire décide si chaque dessin est bon.
- ▲ (10 × 1 point)

01	02	03	04	05
06	07	08	09	10

Les métiers

Nom: _____ Classe: _____

- Écris les 8 lettres qui manquent dans les cases.
- ▲ (10 x 1 point)

a	n
b	o
c	p
d	q
e	r
f	s
g	t
h	u
i	v
j	w
k	x
l	y
m	z

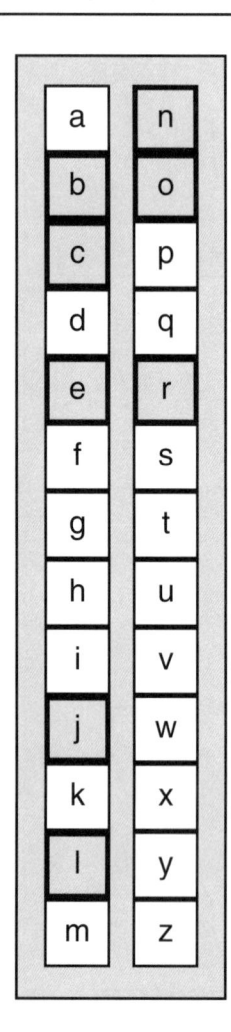

01. un   fa [c] t [e] u [r]
02. une   i [ ] fi [ ] mi [ ] [ ]
03. un   [ ] [ ] sm [ ] [ ] aut [ ]
04. une   v [ ] [ ] d [ ] us [ ]
05. une   [ ] ou [ ] a [ ] ist [ ]
06. une   [ ] [ ] iff [ ] us [ ]
07. un   pi [ ] [ ] t [ ]
08. un   v [ ] t [ ] [ ] i [ ] ai [ ]
09. un   p [ ] om [ ] i [ ] [ ]
10. un   ag [ ] i [ ] u [ ] t [ ] u [ ]

- Fais un dessin très simple pour chaque métier. Ton partenaire décide si chaque dessin est bon.
- ▲ (10 x 1 point)

01	02	03	04	05
06	07	08	09	10

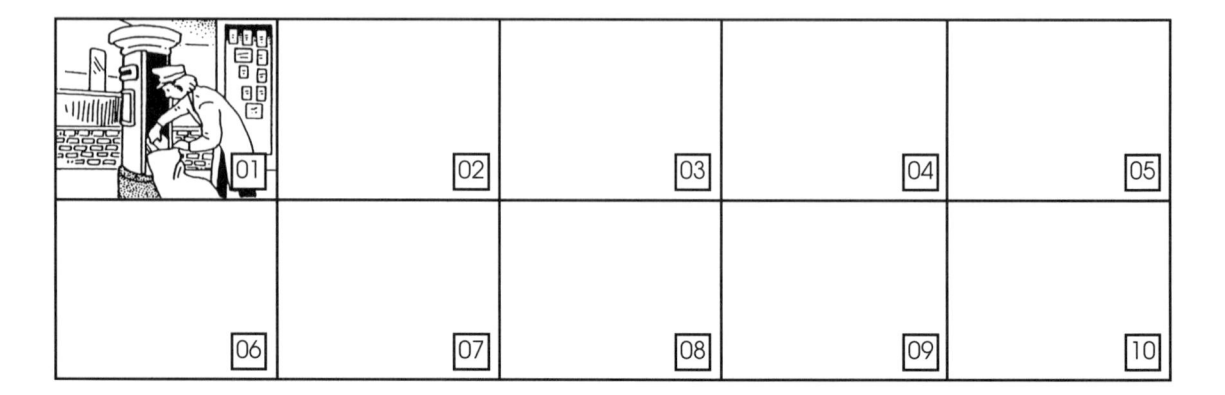

Les métiers

Nom: _____ Classe: _____

- Écris les 10 lettres qui manquent dans les cases. ▲ (10 × 1 point)

a	n
b	o
c	p
d	q
e	r
f	s
g	t
h	u
i	v
j	w
k	x
l	y
m	z

01. un b ou l a n g e r
02. une □ e □ deu □ e
03. une de □ □ i □ at □ i □ e
04. un do □ teu □
05. une □ a □ t □ i □ e
06. un □ i □ itai □ e
07. une □ u □ i □ ie □ e
08. une □ ui □ i □ iè □ e
09. un □ a □ o □
10. un é □ e □ t □ i □ ie □

- Fais un dessin très simple pour chaque métier. ▲ (10 × 1 point)

01	02	03	04	05
06	07	08	09	10

✚ Extension Activity
Work in pairs to test yourselves on the vocabulary on page 35. Do simple drawings of any words your partner gets stuck on.

fiche 2.10

Parler des métiers

We talk about jobs when we want to: describe what we would like to do later in life or to introduce our family or friends. To do this, we need to know the words for jobs in French, and if they are different words for men and women. Then put these words for jobs in the following two sentences:

Plus tard, je voudrais être _____ .
job you would like to do

EXAMPLES

Plus tard, je voudrais être pilote*   *Later, I would like to be a pilot.*
Plus tard, je voudrais être actrice   *Later, I would like to be an actress*

*Note: the indefinite article is always left out.

Mon copain est _____ .
your friend's job

EXAMPLES

Mon beau-père est infirmier.   *My stepfather is a nurse.*
Ma mère est mécanicienne.   *My mother is a mechanic.*

---

smart box

Not everybody can work, and not everybody wants to work for all sorts of reasons. These two sentences can help you out when talking about your friends or relatives.

Ma copine est au chômage.   My friend is out of work.
Mon frère ne travaille pas.   My brother doesn't work.

Parler des métiers

Nom: _____ Classe: _____

- Regarde le code, puis décris le métier de chaque personne. Attention! C'est masculin ou féminin?
- ▲ (20 × 1 point)

code	personne	métier	symbole
▭	mon père	acteur/actrice	●
▭	ma mère	infirmier/infirmière	◉
▯	mon frère	professeur	✕
▯	ma soeur	vendeur/vendeuse	✕
▨	mon oncle	docteur	▪
▨	ma tante	pompier	▫
◩	mon cousin	coiffeur/coiffeuse	▲
◩	ma cousine	secrétaire	△
◤	mon copain	facteur/factrice	◆
◤	ma copine	cosmonaute	◇

Exemple:

01. ◩ △   *Ma cousine*   est   *secrétaire*

01. ◩ △   _____   est   _____
02. ▯ ●   _____   est   _____
03. ▭ ✕   _____   est   _____
04. ▨ ▫   _____   est   _____
05. ◤ ◆   _____   est   _____
06. ▨ ◉   _____   est   _____
07. ◩ ▪   _____   est   _____
08. ▯ ◇   _____   est   _____
09. ◤ ▲   _____   est   _____
10. ▭ ✕   _____   est   _____

Parler des métiers

Nom: _____ Classe: _____

- Regarde le code, puis décris le métier de chaque personne, en français. Attention! C'est masculin ou féminin?
- ▲ (20 x 1 point)

▀	ma mère	a musician	●
▀	ma soeur	a writer	◉
▌	mon copain	a singer	✖
▌	mon cousin	a bricklayer	✖
▞	mon père	a baker	■
▞	ma copine	a soldier	◻
◤	mon oncle	a journalist	▲
◤	ma cousine	an engineer	△
◣	ma tante	a cook	◆
◣	mon frère	a police officer	◇

Exemple:

01. ◤ ■ _Mon oncle_ est _militaire_

01. ◤ ■ _____ est _____
02. ▌ ✖ _____ est _____
03. ▀ ◉ _____ est _____
04. ◤ ◆ _____ est _____
05. ▌ ◇ _____ est _____
06. ▞ ▲ _____ est _____
07. ▀ ▲ _____ est _____
08. ◣ ■ _____ est _____
09. ▞ ✖ _____ est _____
10. ◣ ● _____ est _____

Parler des métiers

Nom: _____ Classe: _____

- Regarde le code, puis décris le métier de chaque personne, en français. Attention! C'est masculin ou féminin?
- (20 x 1 point)

▬	my brother	a designer	●
▬	my cousin (girl)	a painter	◐
▌	my sister	a pilot	⊠
▐	my stepmother	a farmer	⊠
⊞	my friend (boy)	a plumber	▪
⊞	my uncle	an electrician	◻
◣	my friend (girl)	a postman	▲
◤	my cousin (boy)	a nurse	△
◥	my stepfather	a vet	◆
◢	my aunt	a teacher	◇

01. ▌ ⊠ _____ est _____
02. ⊞ ▪ _____ est _____
03. ◣ ◆ _____ est _____
04. ▬ ▲ _____ est _____
05. ◤ ⊠ _____ est _____
06. ▬ ◆ _____ est _____
07. ◥ ◻ _____ est _____
08. ▐ ● _____ est _____
09. ⊞ ◐ _____ est _____
10. ◢ ▲ _____ est _____

✚ Extension Activity
Draw five of your own person and job codes to test your partner. Ask your partner to say who does what - in French of course!

diplôme

book 2

_____
a complété les missions suivantes:

niveau A, facile		niveau B, moyen		niveau C, difficile		activité supplémentaire ✓ = complété	
1A	/20	1B	/20	1C	/20	P.7	
2A	/20	2B	/20	2C	/20	P.11	
3A	/20	3B	/20	3C	/20	P.15	
4A	/20	4B	/20	4C	/20	P.19	
5A	/20	5B	/20	5C	/20		
6A	/20	6B	/20	6C	/20	P.27	
7A	/20	7B	/20	7C	/20		
8A	/20	8B	/20	8C	/20	P.35	
9A	/20	9B	/20	9C	/20	P.39	
10A	/20	10B	/20	10C	/20	P.43	

étoiles bonus
3+ activités au niveau B ★ /5
6+ activités au niveau B ★★ /5
5+ activités au niveau C ★★★ /5
3+ activités supplémentaires ★★ /5

score final /20 ☆☆☆☆☆

☐ Passable 10/20
☐ Assez Bien 12/20
☐ Bien 14/20 ☐ Très Bien 16/20

_____
signature de l'élève

_____
signature du professeur

Solutions

page 5 1 A,
+ mot mystérieux = allemand

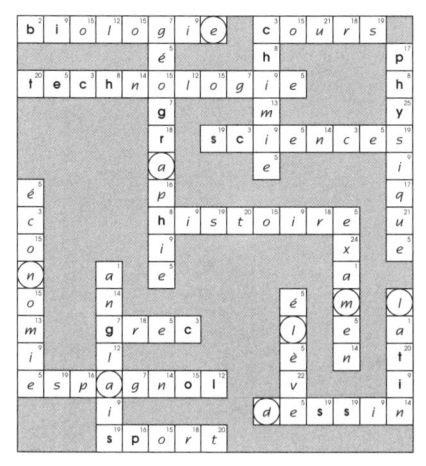

page 6 1 B
+ mot mystérieux = devoirs

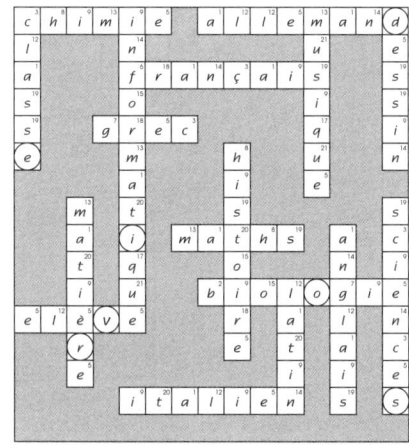

page 7 1 C
+ mot mystérieux = histoire

page 9 2 A,		01 Paul; 02 Julie; 03 Yves; 04 Odile; 05 Marie
page 10 2 B,		01 Abel, préférée; Noël, pas; 03 Lucie, aime; 04 Denis, déteste; 05 Irène, adore
page 11 2 C,		Léon, l'histoire, pas, biologie; 02 Marc, l'anglais, maths, adore; 03 Nina, aime, français, l'histoire; 04 Agnès, matière, français, l'espagnol; 05 Rémi, déteste, biologie, espagnol

page 13 3 A, Je m'appelle Alexis. J'ai douze ans. J'habite à Toulouse. J'**adore** le français parce que le **professeur** est sympa. Ma matière **préférée** c'est la géographie parce que c'est **utile**. Je **déteste** les maths parce que c'est difficile. J'adore le sport. Je n'aime **pas** l'histoire parce **que** c'est inutile. J'aime l'informatique parce que **c'est** excitant. Je déteste les sciences **parce** que le professeur **est** trop sévère.

01 faux; 02 faux; 03 vrai; 04 faux; 05 vrai; 06 vrai; 07 faux; 08 vrai; 09 vrai; 10 faux

page 14 3 B, Je m'appelle Andréa. J'ai treize ans. J'habite à Vancouver. Ma **matière** préférée c'est la musique **parce** que c'est excitant. J'adore le français. J'**aime** l'anglais. Je naime pas les maths. Je **déteste** le sport parce que c'est difficile. J'aime l'allemand. je n'aime **pas** le latin parce que le professeur **est** trop sévère. je déteste la technologie parce que c'est **ennuyeux**. J'adore le **dessin** parce **que** le prof est très **sympa**.

01 faux; 02 vrai; 03 faux; 04 vrai; 05 vrai; 06 vrai; 07 faux; 08 faux; 09 vrai; 10 faux

page 15 3 C, Je m'appelle Luc. J'ai onze ans. J'habite à Marseille. Je déteste l'anglais parce que le **professeur** est trop **sévère**. Je n'aime pas les **sciences** parce que c'est difficile. Je n'aime **pas** le latin parce que c'est **inutile**. J'**adore** les maths **parce** que c'est utile. J'aime les sciences. ma matière **préférée** c'est l'histoire parce que c'est intéressant. J'aime le **sport** parce que le professeur **est** sympa.

01 faux; 02 vrai; 03 faux; 04 vrai; 05 vrai; 06 vrai; 07 faux; 08 vrai; 09 vrai; 10 faux

page 17 4 A, cahier - exercise book; tableau - board; carnet - notebook; chaise - chair; cartable - school bag; bureau - desk; fenêtre - window; crayon - pencil; porte - door; trousse - pencil case

page 18 4 B, poster - poster; stylo - pen; labo - lab; gomme - eraser; règle - ruler; ordinateur - computer; feutre - felt pen; livre - book; cantine - canteen; calculatrice - calculator

page 19 4 C,		livre - book; fenêtre - window; cartable - school bag; gymnase - gymnasium; carte - map; dictionnaire - dictionary; toilettes - toilet; bibliothèque - library; ordinateur - computer; classeur - ring binder
page 21 5 A,		01 vingt; 02 dix-neuf; 03 cinquante; 04 dix-huit; 05 vingt-cinq; 06 huit; 07 quinze; 08 vingt-deux; 09 quarante; 10 douze
page 22 5 B,		22:52 14:56 05:45 13:12 17:34 20:35 03:38 11:26 18:49 06:27
page 23 5 C,		23:54 17:22 10:14 15:46 20:38 01 heures; 02 Il, seize; 03 heures; 04 Il, dix-huit; 05 est; 06 Il, deux; 07 heures; 08 est, sept; 09 heures; 10 Il, dix-neuf
page 25 6 A,		01 moins, eleven; 02 demie, seven; 03 heures, ten; 04 vingt-cinq, eight; 05 et, two; 06 est, three; 07 midi, twelve; 08 cinq, six; 09 Il, four; 10 le, nine
page 26 6 B,		01 quart, quarter; 02 heures, five; 03 est, past; 04 et, four; 05 demie, half; 06 moins, twenty; 07 Il, eleven; 08 vingt-cinq, seven; 09 minuit, midnight; 10 deux, to
page 27 6 C,		01 quatre, vingt-cinq; 02 moins, quart; 03 et, demie; 04 minuit, dix; 05 trois, cinq; 06 past, eleven; 07 ten, twelve; 08 twenty-five, to; 09 twenty, six; 10 quarter, five
page 29 7 A,		01 neuf; 02 français; 03 mercredi; 04 dessin; 05 mardi; 06 seize; 07 allemand; 08 lundi/mercredi; 09 onze; 10 géographie

page 30 7 B,

heure	lundi	mardi	mercredi	jeudi	vendredi
08:00 - 09:00	*maths*	informatique	*grec*	français	*géographie*
09:00 - 10:00	*français*	*physique*	maths	géographie	espagnol
10:00 - 11:00	espagnol	*histoire*	*français*	biologie	*italien*
11:00 - 12:00	*italien*	français	*histoire*	italien	musique
14:00 - 15:00	*grec*	*biologie*	informatique	espagnol	technologie
15:00 - 16:00	maths	dessin	*technologie*	sport	maths
16:00 - 17:00	*sport*	maths	physique	sport	français

page 31 7 C,

heure	lundi	mardi	mercredi	jeudi	vendredi
08:00 - 09:00	*maths*	*physique*	espagnol	maths	*français*
09:00 - 10:00	biologie	histoire	informatique	français	anglais
10:00 - 11:00	*français*	français	*maths*	géographie	biologie
11:00 - 12:00	*anglais*	latin	physique	*espagnol*	informatique
14:00 - 15:00	espagnol	*maths*	français	dessin	maths
15:00 - 16:00	*latin*	sport	technologie	*anglais*	histoire
16:00 - 17:00	musique	sport	technologie	sport	géographie

02 jeudi, quatorze; 04 lundi; 06 lundi, seize; 08 mercredi; 10 mardi, jeudi

page 33 8 A,	01 Mon école s'appelle St Sernin. 02 Mon école s'appelle R Naves. 03 Mon école s'appelle Fermat. 04 Mon école s'appelle Le Mirail. 05 Mon prof d'anglais s'appelle Mlle Parker. 06 Mon prof de biologie s'appelle Mlle Huillet. 07 Mon prof d'histoire s'appelle Mme Pandelle. 08 Mon prof de français s'appelle Mme Lennon. 09 Mon prof d'informatique s'appelle Mlle Gartner. 10 Mon prof de maths s'appelle M Benigni.
page 34 8 B,	01 Je suis en Sixième. 02 Mon prof de chimie s'appelle Mlle Walker. 03 Mon école s'appelle Ste Louise. 04 Mon prof de sciences s'appelle M Petit. 05 Mon prof d'espagnol s'appelle Mme Fabre. 06 Mon école s'appelle Fortwilliam. 07 Je suis en Seconde. 08 Mon école s'appelle Rathmore. 09 Je suis en Cinquième. 10 Je suis en Quatrième.

page 35 8 C, 01 Mon prof **d'**allemand s'appelle M Bachau. 02 Mon école **s'appelle** Greenwood. 03 Je **suis** en Troisième. 04 **Mon** prof de chimie s'appelle Mme Lopez. 05 **Je** suis en Première. 06 Mon **école** s'appelle J Ferry. 07 **Je** suis en Terminale. 08 Mon prof **de** latin s'appelle Mme Vioc. 09 Mon **prof** de sport s'appelle M Martin. 10 **Mon** école s'appelle St Jean.

page 37 9 A, 01 un mécanicien; 02 un ingénieur; 03 une actrice; 04 un policier; 05 une chanteuse; 06 un écrivain; 07 un peintre; 08 un professeur; 09 une secrétaire; 10 un dessinateur

(drawings to be marked by pupil's partner)

page 38 9 B, 01 un facteur; 02 une infirmière; 03 un cosmonaute; 04 une vendeuse; 05 une journaliste; 06 une coiffeuse; 07 un pilote; 08 un vétérinaire; 09 un plombier; 10 un agriculteur

(drawings to be marked by pupil's partner)

page 39 9 C, 01 un boulanger; 02 une vendeuse; 03 une dessinatrice; 04 un docteur; 05 une factrice; 06 un militaire; 07 une musicienne; 08 une cuisinière; 09 un maçon; 10 un électricien

page 41 10 A, 01 Ma cousine est secrétaire. 02 Ma soeur est actrice. 03 Ma mère est professeur. 04 Mon oncle est pompier. 05 Mon copain est facteur. 06 Ma tante est infirmière. 07 Mon cousin est docteur. 08 Mon frère est cosmonaute. 09 Ma copine est coiffeuse. 10 Mon père est vendeur.

page 42 10 B, 01 Mon oncle est militaire. 02 Mon cousin est maçon. 03 Ma soeur est écrivain. 04 Ma cousine est cuisinière. 05 Mon copain est policier. 06 Mon père est ingénieur. 07 Ma mère est journaliste. 08 Ma tante est boulangère. 09 Ma copine est chanteuse. 10 Mon frère est musicien.

page 43 10 C, 01 Ma belle-mère est pilote. 02 Mon oncle est plombier. 03 Ma copine est professeur. 04 Mon frère est facteur. 05 Mon cousin est agriculteur. 06 Ma cousine est vétérinaire. 07 Mon beau-père est électricien. 08 Ma soeur est dessinatrice. 09 Mon copain est peintre. 10 Ma tante est infirmière.

Le zone des numéros

0 zéro	10 dix	20 vingt	30 trente
1 un	11 onze	21 vingt et un	31 trente et un
2 deux	12 douze	22 vingt-deux	32 trente-deux
3 trois	13 treize	23 vingt-trois	33 trente-trois
4 quatre	14 quatorze	24 vingt-quatre	34 trente-quatre
5 cinq	15 quinze	25 vingt-cinq	35 trente-cinq
6 six	16 seize	26 vingt-six	36 trente-six
7 sept	17 dix-sept	27 vingt-sept	37 trente-sept
8 huit	18 dix-huit	28 vingt-huit	38 trente-huit
9 neuf	19 dix-neuf	29 vingt-neuf	39 trente-neuf

40 quarante	50 cinquante	60 soixante
41 quarante et un	51 cinquante et un	61 soixante et un
42 quarante-deux	52 cinquante-deux	62 soixante-deux
43 quarante-trois	53 cinquante-trois	63 soixante-trois
44 quarante-quatre	54 cinquante-quatre	64 soixante-quatre
45 quarante-cinq	55 cinquante-cinq	65 soixante-cinq
46 quarante-six	56 cinquante-six	66 soixante-six
47 quarante-sept	57 cinquante-sept	67 soixante-sept
48 quarante-huit	58 cinquante-huit	68 soixante-huit
49 quarante-neuf	59 cinquante-neuf	69 soixante-neuf

70 soixante-dix	80 quatre-vingts	90 quatre-vingt-dix
71 soixante et onze	81 quatre-vingt-un	91 quatre-vingt-onze
72 soixante-douze	82 quatre-vingt-deux	92 quatre-vingt-douze
73 soixante-treize	83 quatre-vingt-trois	93 quatre-vingt-treize
74 soixante-quatorze	84 quatre-vingt-quatre	94 quatre-vingt-quatorze
75 soixante-quinze	85 quatre-vingt-cinq	95 quatre-vingt-quinze
76 soixante-seize	86 quatre-vingt-six	96 quatre-vingt-seize
77 soixante-dix-sept	87 quatre-vingt-sept	97 quatre-vingt-dix-sept
78 soixante-dix-huit	88 quatre-vingt-huit	98 quatre-vingt-dix-huit
79 soixante-dix-neuf	89 quatre-vingt-neuf	99 quatre-vingt-dix-neuf

100 cent	200 deux cents	201 deux cent un etc. ...
1000 mille	3000 trois mille	3001 trois mille un etc. ...